Stephan de Vogel

Saison 2024/2025

St. Pauli in der 1. Fußballbundesliga

Wir spielen in der 1. Liga
(Das ist, als wären wir immer Sieger!)

1. Auflage Juni 2025

© 2025 by Stephan de Vogel
Verlag:
BoD · Books on Demand GmbH,
Überseering 33, 22297 Hamburg,
bod@bod.de
Druck:
Libri Plureos GmbH,
Friedensallee 273, 22763 Hamburg
ISBN: 978-3-8192-3132-2

Bildrechte auf dem Buchcover und auf Seite 100:
Pixabay

Einleitung

Es gibt Zeiträume, die einem wie eine Ewigkeit erscheinen, auch, wenn es nur 13 Jahre sind. St. Pauli hat es vor einem Jahr nach 13 Jahren geschafft, endlich wieder in die 1. Fußballbundesliga aufzusteigen. - Und wenn man bedenkt, was in 13 Jahren so alles passieren kann... Vor 13 Jahren dachte ich noch nicht mal im Traum daran, jemals Torwart zu werden, geschweige denn, meine Fußball-Gedichte zu veröffentlichen - Inzwischen ist meine Torwart-Karriere nach dem Riss der Netzhaut im August 2021, einem Kurz-Comeback nach der OP, und dann doch Aufhören wegen wieder auftauchender Sehprobleme, beendet. Aber Gedichte schreiben geht immer noch. Inzwischen müssen es weit über 1.000 Gedichte rund um den Fußball und den FC St. Pauli sein (es gibt sicher noch seltsamere Hobbys (-;)

Wenn ich ein erfolgreicher Dichter wäre, und man mich fragen würde, was ich beruflich gerne täte, auch ohne dafür bezahlt zu werden, dann wäre es genau das: Gedichte schreiben. - Um davon leben zu können, reicht es bei weitem nicht, aber es macht eine Menge Spaß!

Ich hatte in der abgelaufenen Saison lange Zeit das Privileg, alles genau mit anzusehen (wegen der Sehprobleme konnte ich nicht nur die Spiele, sondern auch die Vorberichte und Interviews bei Sky und später auch bei DAZN sehen.) Vieles davon hätte ich gar nicht mitbekommen, wäre ich „nur" im Stadion gewesen.

Um noch einmal auf gefühlte Ewigkeiten zurückzukommen: Obwohl ich die Lebenslange Dauerkarte habe, war ich bis August 2024 mehr als 1.000 Tage nicht im Stadion gewesen, und für einen Fußballfan *ist* das eine Ewigkeit! Warum? - Wie heißt es so schön: *Lieber eine gesunde Verdorbenheit als eine verdorbene Gesundheit...* !

Seit August 2021 gab es vieles, was mich leider vom Millerntor fernhielt. Zuerst riss die Netzhaut im Auge, dann bekam ich Corona und später kam dann auch noch Long Covid dazu...

Ich liebe das Leben, auch wenn es nicht immer leicht ist. Und ich versuchte, die Sache positiv zu sehen,und auch mit Humor (solche Gedichte schreibe ich aber normalerweise nicht):

> Der Einäugige, er sprach zum Blinden:
> Ey, lass uns hier echt mal verschwinden,
> denn ich kann überhaupt nichts sehen
> Du kennst das ja: Das ist nicht schön!

Aber wie gesagt, man muss das alles positiv sehen. In der Vorsaison erlebte ich das Wunder, das zu unserem Aufstieg führte, nur aus der Ferne mit. (Fern-Sehen im wahrsten Sinne des Wortes) Und als wir dann nach der Saison ohne Trainer dastanden, dachte ich nur: Oweia!

Nachdem Fabian Hürzeler das Wunder geschafft hatte, mit unserem FC in die 1. Liga aufzusteigen, und dann danach seinen Hut nahm, übernahm Alexander Blessin den Trainerjob.
Aber die Zeit der Wunder nahm dennoch kein Ende. In der 1. Liga wird viel schneller gespielt als in der 2., es gibt nur wenig Torchancen, und man muss sehr schnell dazulernen, wenn man die Klasse halten will. Und wir lernten dazu!

Ich durfte dabei unseren FC mit meinen Gedichten begleiten, und es war die reine Freude, mitzuerleben, wie sich der FC St. Pauli während der Saison in allen Bereichen weiterentwickelt hat! Forza St. Pauli!!!

Ich bin dankbar und froh, jetzt zu leben. Und ich freue mich jetzt schon auf die nächste Saison in der 1. Liga.
Und ich muss hier noch etwas hinzufügen, auch wenn es aus einem meiner alten Gedichtbände ist, gilt es immer noch für den FC St. Pauli!

**Der beste Club
auf dieser Welt,
und jeder Spieler
ist ein Held!**

(Das gilt natürlich auch für Sportchef, Trainer, Präsident und für alle anderen, die für unseren FC immer ihr Bestes geben!)

DFB-Pokal in Halle
Oder: Machen die uns alle?

Nun geht es
in die 1. Runde
Sind wir noch
das Team der Stunde?

Ich sage: Es läuft
nicht beschissen
Die Latte, sie wird
nicht gerissen

Und sollte doch
die Latte reißen,
sollten wir darauf
nur scheißen

Denn wir sind
in der 1. Liga,
und deshalb sowieso
ein Sieger!!!

**DFB-Pokal 1. Runde
Halle : St. Pauli (2:3)
Oder: Hauptsache gewonnen…**

Normal bin ich ja echt nicht kleinlich..
Teilweise war das wirklich peinlich,
und dazu auch richtig schlecht -
Und das hätte sich fast gerächt

Es sind drei Ligen Unterschied,
wovon man hier nun gar nichts sieht
Wer ist hier der Erstligist? -
Die Frage, die ist doof und Mist!

Und unser Piratenschiff
kenterte nicht am „Halle-Riff"
Ganz langsam kommen wir in Fahrt,
der Sieg, der war ein guter Start

In der Verlängerung, ganz spät,
da haben wir noch das Spiel gedreht
Und aufgeben? Das tun wir nie!
Ich sach nur Forza St. Pauli

Das Schlechtreden muss ich verweigern -
Pauli wird sich weiter steigern
Das erste Pflichtspiel, und ein Sieger,
ich freu mich auf die 1. Liga…

Vor dem ersten Spiel

Drei lange Jahre ist es her,
das Erinnern fällt nicht schwer:
Das letzte Mal am Millerntor,
kommt wie ne Ewigkeit mir vor

Zu Haus den
HSV geschlagen,
das war sehr gut,
könnte man sagen

Aber lasst uns da nicht streiten,
über gefühlte Ewigkeiten
Dreizehn Jahre Liga 2,
die Zeit, die ist zum Glück vorbei

Die Piraten sind zurück,
ein Gefühl wie wahres Glück
Heute gehen wir an den Start,
das Schiff, es fährt mit voller Fahrt...

1. Spieltag
St. Pauli : Heidenheim (0:2)
Die Chancenauswertung...

Wir haben wirklich
gut begonnen,
und eigentlich hätten
wir gewonnen...

Ich hätte es
wirklich sehr gern,
wenn wir aus unsern
Fehlern lernen

Es war ja auch
ein gutes Spiel -
Das Tor nicht treffen,
war zu viel

Vom Spiel her
muss ich Pauli loben,
bei Effizienz
ist Luft nach oben

Und Niederlagen
sind zwar hart,
trotzdem war es
ein guter Start

Was'n DAZN?

Daran muss ich mich gewöhnen:
Ich kann nicht alle Spiele sehen
Das ist mir zwar gar nicht geheuer,
aber das ist echt zu teuer

Doch sicher ist: I will survive,
und alle Spiele gibt's nicht live...
Leicht tut es weh, das Pauli-Herz,
zu viel ist zu viel Kommerz!

2. Spieltag
Union Berlin : St. Pauli (1:0)
Oder: Her mit der Roten Laterne...

Wir steigern uns
von Spiel zu Spiel,
nur mit Gewinnen
ist noch nicht viel

Wir kommen echt nicht
aus dem Quark,
das war noch nicht
so richtig stark

Da könnte man sich
fast besaufen:
Mal wieder richtig
dumm gelaufen

Noch immer fehlt
das erste Tor,
aber ich nehm es
mit Humor:

St. Pauli-Power
in weiter Ferne
Die Besten von unten,
mit Roter Laterne...

Gemischte Gefühle

Hells Bells live am Millerntor,
und Gänsehaut, weil ich so fror
Letzten Sonntag im Getümmel,
da fühlte ich mich wie im Himmel

Es ist nicht so, dass ich hier klage,
doch es waren mehr als 1.000 Tage,
die ich nicht im Stadion war,
(ist jedem Fußball-Fan doch klar...)

Noch vor dem Anpfiff -
wie ein Happy End
Und ich hätte
fast geflennt

Und endlich war ich wieder da,
wo es wie ein zu Hause war
Welcome home (back in hell),
und das ging wirklich richtig schnell

So manche Frau ist eine fiese,
und haut dir auf die Tränendrüse
Doch der Fußball kann das auch,
mit diesem Gefühl im Bauch

Und nun bin ich wieder im Heute,
ohne Hells Bells-Glockengeläute
Mein lieber Leser, nun verzeih:
Ich nehme mir 2 Tage frei

Da will ich keinen Fußball sehen,
das müsste man eigentlich verstehen

Ich will jetzt auch nicht ganz laut stöhnen,
muss mich halt nur daran gewöhnen:
So vieles hat sich nun verschoben,
und wir sind nicht mehr ganz weit oben

Weil bester Club von dieser Welt
auch mal voll auf die Schnauze fällt
Klassenerhalt ist auch ein Ziel,
und Luft nach oben ist sehr viel

Das ist kein Ort hier für Beschwerden,
wir werden noch viel besser werden
Aber, da bin ich voll Banause,
ich brauche einfach eine Pause...

Freude

Es ist so schön,
hier zu sein
St. Pauli ist
ein Top-Verein

Und das sag ich
ohne Scherzen,
denn mein St. Pauli
ist im Herzen

Und ich mach
keine dunkle Welle,
wo wir auch stehen,
in der Tabelle

Diese Saison:
Gelebter Traum
Und in der Zukunft
ganz viel Raum

Wie im Science Fiction
ist alles möglich:
Wir haben es in der Hand,
ja, täglich

Deshalb mach ich mir keine Sorgen,
und ich freu mich auf das Morgen!

Müde

Ich bin so müde,
geh gleich zur Ruh'
Mir fallen fast
die Augen zu

Und dann, dann
bin ich auch sogleich
im sogenannten
großen Teich

Im Meer der Träume,
die sind wie Schäume

Ich träum von Fußball,
von 1. Liga -
und ab und zu
ist Pauli Sieger

Man kann nicht
alles haben im Leben,
aber es kann
viel Schönes geben

In der 1. Liga kicken,
das ist fast so schön wie...
Wo kam denn dieser Reim grad her?
Das war ziemlich ordinär (-;

3. Spieltag
Augsburg : St. Pauli (3:1)
Oder: Gut Ding will Weile haben...

Vom Ergebnis
nicht so schön,
doch auch viel Gutes
war zu sehen

Das erste Tor,
es ist gefallen -
Das reicht noch nicht
zum Korken-Knallen (-;

Im Tor haben wir
kein Problem,
und Gutes, das war
auch zu sehen

Wir lassen's noch nicht
richtig krachen,
doch unsern Weg,
den werden wir machen!

Bald werden die Gegner
auch vergeigen -
Das Ziel (erstmal):
Nicht abzusteigen

Der Dichter ist,
ihr habt's erkannt,
noch momentan
total entspannt

In Liga 1 gibt's
viele Gulden,
das ist sehr gut,
bei unsern Schulden

Bald feiern wir
den ersten Sieg -
Dat düert noch
mit Champions League

Ich bin kein bisschen
angepisst,
und außerdem
ein Optimist...

4. Spieltag
St. Pauli : Leipzig (0:0)
Angekommen...

Gefühlt waren wir gestern Sieger,
sind angekommen in der Liga
Ein geiles Spiel mit Pauli-Power -
so halten wir uns auch auf Dauer!

Ich mach mir keine Sorgen mehr,
nun ist es nicht mehr ganz so schwer
Wir rollen das Feld von hinten auf,
und zwingen allen St. Pauli auf (-;

So gut wie in der 2. Liga!
Bald sind wir auch tatsächlich Sieger...

As tears go by...

Das zweite Heimspiel
seit drei Jahren -
emotional
voller Gefahren

Hells Bells hören,
im Stadion stehen,
es kamen mir wieder
mal die Tränen

Ganz anders als
im Fernsehen (Sky),
so richtig live,
richtig dabei

Wie leicht man so was
doch vergisst,
wie habe ich
all das vermisst!

5. Spieltag
Freiburg : St. Pauli (0:3)
Oder: Weltklasse!!!

Alles gegeben,
alles reingehauen
(den Freiburgern
den Tag versauen...)

Granatenstark
und wunderbar -
Ich sagte es schon:
Wir sind da!

Sind angekommen
in der Liga,
und dazu auch noch
auswärts Sieger

Ein schöner Tag,
und voller Glück
Und ich lehne
mich zurück

Heut Abend
Leverkusen in Bayern
(Ich werd den
ganzen Abend feiern (-;)

Paul(i)aner-Feeling

Heute trinke ich Paulaner,
denn ich bin ein Paulianer
Morgen ist ein Feiertag,
was ich ganz schön gerne mag

Der Tag der Deutschen Einigkeit,
ja, das ist keine Kleinigkeit...

Nun kommt ein Gedicht zum Singen,
und das würde echt rockig klingen
(man könnte es wie Springsteen singen)
So ein bisschen juppiyeah, wie *Born in the USA*

Zum Tag der Deutschen Einheit

Weißt du noch damals,
wir waren noch jung
Heute ist es
ne Erinnerung

Bei uns die Nato,
bei euch Warschauer Pakt
Der Kalte Krieg:
Total beknackt!

Die beste Freundin, sie kommt aus dem Osten
Und darum scheu ich auch keine Kosten
Wiedervereinigung, viele Jahre entfernt,
wir hätten uns ohne nie kennengelernt...

Geboren in der DDR,
fast so, als ob es gestern wär
Geboren in der BRD,
nicht alle Westen hier waren weiß wie Schnee...

Nicht alles war gut,
weder in Osten noch Westen,
aber ich will
das Gedicht nicht verpesten

Egal, was all die andern sagen,
am Tag der Einheit will ich nicht klagen
Ich freu mich immer noch wie ein Kind,
dass wir Deutschen vereinigt sind

Denn über allem
steht noch immer die Liebe
Es wäre traurig,
wenn es nicht so bliebe

Ich finde vieles
total schön,
und so kann man das
doch auch mal sehen

Was im Heute läuft,
das passt nicht jedem,
wir müssen viel mehr
miteinander reden

Die Politik? Oft ein rotes Tuch,
und deshalb wird sehr viel geflucht
Überall, nicht nur unter den Linden,
müssen Herzen zusammenfinden

6. Spieltag
St. Pauli : Mainz (0:3)
Abstiegskampf

Mainz spielte gestern abgeklärt,
bei uns, da lief zu viel verkehrt
Zwei Fehler reichten zum Verlieren,
das sollte nicht zu oft passieren

Beim dritten Tor dann,
war es aus
Und die Luft war
komplett raus

Wir müssen immer
alles geben,
sonst werden wir hier
nicht überleben

Und alles andere
ist Quark,
die 1. Liga
ist sehr stark...

Ich habe verhältnismäßig lange nichts mehr geschrieben. St. Pauli schlägt sich weiterhin wacker, aber erfolglos. Und zu meiner Schande muss ich gestehen, dass ich auch immer darauf hoffe, dass ein paar Erstligavereine schlechter sind als wir. Noch ist das der Fall. Wir müssen uns in dieser Saison wohl erstmal darauf konzentrieren, nicht gleich wieder abzusteigen. Ambitioniertere Ziele können wir uns dann nächste Saison vornehmen.

Vor ein paar Tagen sind wir in der zweiten Runde des DFB-Pokals gegen Leipzig ausgeschieden. Dazu ein Kurzgedicht:

Raus mit Applaus

Wir sind raus
mit Applaus
Und *so* schlecht
sah das gar nicht aus

Von Leipzig sind wir
weit entfernt
Das haben wir
dabei gelernt

Wir werden bei andern Gegnern siegen,
in der stärksten aller Ligen

Zwischenzeitlich war ich auch zwei Wochen im Urlaub, und hatte keinen Schreibblock mit. Aber ich hatte eine App auf meinem neuen Smartphone entdeckt. - Und endlich mal hatten die meisten Gedichte nichts mit Fußball zu tun... Zuerst war es nur so eine Art Experiment, weil ich nicht damit gerechnet hatte, dass mir tatsächlich etwas Sinnvolles ohne Pauli-Bezug einfällt. Dann ist aber doch einiges an Gedichten zusammengekommen.

Und bevor ich mich wieder der laufenden Saison widme, und hoffe, dass wir endlich die Kurve kriegen und wieder ein paar Siege einfahren, mache ich hier mal einfach eine neue Rubrik auf.

Um mal wieder als Dichter zu sprechen:

Das ging wirklich
gar nicht schief,
im Urlaub war
ich kreativ...

Urlaubsgedichte

I Das hat mit Fuß, dass hat mit Ball, dass hat mit Fußball was zu tun...

2 Tage noch...

Zwei Tage noch,
ein großes Spiel
Nur sehen kann ich
davon nicht viel

Pauli in Dortmund -
wir gewinnen
Vielleicht bekommen
wir das ja hin

Kein Sky-Empfang
in der Türkei,
drum bin ich leider
nicht dabei

Nicht nur kein Sky
(ist nicht zu fassen (-;)
Das Spiel, das läuft
dann nur bei DAZN

Weil Stephan das
nicht sehen kann,
gewinnt mein
St. Pauli dann (-;

7. Spieltag
Dortmund : St. Pauli (2:1)

Gut, aber leider nicht gut genug

Verloren in Dortmund,
das ist schade,
aber kein Grund
für ne Ballade

Nein, das trifft uns
nicht ins Mark
Denn Pauli spielte
wirklich stark

Pauli ist voller
Selbstvertrauen
Und darauf können wir
weiter bauen

Pauli-Feeling

Wir sind tatsächlich
aufgestiegen
Noch hapert's etwas
mit dem Siegen

Die alte Stärke
ist zurück
Ich hoffe bald
dann auch das Glück

Schon im Oktober
weiß ich, Alten,
wir werden im Mai
die Klasse halten

Mit Astra-Bier,
10.000 Phon,
und mit You'll
never walk alone

8. Spieltag
St. Pauli : Wolfsburg (0:0)

Das war schon ganz OK...

Ich warte auf Song 2,
und worauf wartest du?
Und wieder nur ein Abseitstor,
aber ich nehm es mit Humor

Denn das, das habe
ich genossen:
Endlich mal nicht
vorbei geschossen

Und wieder ist
kein Tor gefallen
Das war noch nix
mit Korken Knallen

Es muss besser werden,
schnell -
in Hoffenheim,
(Abstiegsduell)

Und dann zu Hause
gegen die Bayern -
Ob wir da nen Sieg
wohl feiern?

Nachtrag zum Wolfsburg-Spiel

Aber es war
ein starkes Spiel
Nur Tore fielen
nicht so viel

Und beide Keeper
waren klasse,
darum kein „Klingeln
in der Kasse"

Prost

Wir sind noch
überhaupt nicht dun,
das heißt, wir haben
noch was zu tun

Ein paar Bierchen,
und es geht los
Und wir sagen
einfach prost!

Im Pub

Er war so gern
im Pub
(da hing er
gerne ab)

Und die aller-
meiste Zeit,
da war er immer
tierisch breit

Und es war sein
letzter Wille:
Niemals unter
ein Promille...

Bootstour an der Mittelmeerküste

Trinkst du im Urlaub
viel Bier und Raki,
tanzt dein Magen
dann Sirtaki

Und dein Kopf
wird sich bedanken,
denn auch der Boden
ist am Schwanken

Zustand (breit)

Ich sitze hier,
und hab einen Sitzen
(Das ist voll besser,
als zu schwitzen)

Ich habe eine
schöne Zeit,
und fühle mich
so richtig breit

Denn auch ein Efes,
das schmeckt fein -
Genau das ziehe
ich mir rein

III. Liebesgedichte und große Gefühle

Herzreise

Das Herz macht
eine Reise,
und es ver-
schwindet leise

Zurück in die
Vergangenheit
Wir zwei, wir waren
wie Dynamite

Das Gefühl,
es ist noch da
Und du warst
einfach wunderbar

(Auch ohne
einen Wonderbra)

Doch leider brach
das Glück entzwei
Die Liebe ist
schon lang vorbei

Das ist alles ziemlich krass,
was ich wirklich manchmal hass:

Glück und Glas, wie leicht bricht das!

Das Herz

Das Herz ist
nicht nur ein Organ
Auch ne Allee,
auf der wir fahren

Können dich Dinge
noch berühren?
Dann kannst du auch
dein Herz noch spüren!

An die Moppelige

Du bist schön,
so wie du bist
Und Schlankheitskuren
sind doch Mist!

Falsche Schönheitsideale,
sind im Leben das Fatale
Sie sind mir alle so ein Graus:
Kein Mensch sieht wirklich echt so aus

Bleibe bitte
wie du bist,
und hör nicht auf
den ganzen Mist

Deine Schönheit
ist gottgewollt -
Und jedes Kilo
pures Gold!

Du

Die Wichtigste
auf dieser Welt
Ein (femininer)
Superheld

Dann kann ich dich
ja echt nur lieben -
Das ist so,
und nicht übertrieben

Mein Herz ist kurz
vorm Explodieren,
nur du und ich,
das soll passieren

Nimm dir Zeit für Dankbarkeit!

Du bist noch immer da,
und das ist wunderbar
Wer weiß wohin wir fahren (ja...),
noch immer kein Nirvana da

Du bist immer
noch am Leben
(Noch nicht den
Löffel abgegeben)

Du hattest auch
schon schwere Zeiten,
mit ohne Ende
üblen Pleiten

Doch du hast alles
überstanden,
weil schlimme Tage
stets verschwanden

Kannst immer noch
die Sonne sehen,
und das ist einfach
wunderschön

So oft ging sie
noch auf, die Schranke,
und deshalb hier
ein großes DANKE!

Lebensfreude

Die Lebensfreude
macht dich leicht
Ganz viel *auf jeden*,
ganz wenig *vielleicht*

Du lächelst,
und du bist am Schweben
Auch, wenn's mal hakt:
Du liebst das Leben!

Poesie

Die Poesie
verschwindet nie
Und sie ist
voller Fantasie

Im Geiste neue
Welten schaffen
(Aufrecht stehen,
und nicht erschlaffen..)

Das waren gerade
ein paar Zoten,
aber das ist ja
nicht verboten

Und falls doch, dann
dichte ich erst recht,
die Poesie, sie ist
nicht schlecht

Was reimt sich gut
auf Poesie?
Ganz klar der
FC St. Pauli

Urlaub

Null Action und
ganz, ganz viel Ruhe
Nichts ist das,
was ich am liebsten tue

Ich fühl mich stark,
und gar nicht schlapp,
und ich hänge
einfach ab

Lächelnd mach ich,
was ich will
Bin achtsam und
auch mal ganz still

Das ist doch mal
sehr gescheit:
Erholung in
der Urlaubszeit

Ich nehme ab (und zu...)

Weight Watchers, nein,
das schaff ich nicht
Mit mir geh ich
nicht ins Gericht

Ich esse halt,
das tu ich gerne
Weshalb ich da
wohl wenig lerne

Trotzdem: Glücklich
bin ich auch
Auch mit einem
Waschbärbauch

Wohlfühlgewicht

Das Leben,
das ist bunt
Und ich bin etwas
dick und rund

Doch das, das interes-
siert mich nicht
Ich sage nur:
Wohlfühlgewicht

Wie sollen mich
denn andere lieben,
wenn ich es
selbst nicht tu?

Drum hab ich das
Gedicht geschrieben
I love me!
And I love you!

9. Spieltag
Hoffenheim : St. Pauli (0:2)
Wir sind angekommen!

Gestern, wie
ein Feiertag
Was ich wirklich
gerne sag

Endlich sind
wir angekommen,
und wir haben uns
freigeschwommen

Beim Spiel, da war
fast gar nichts Mist
Nun sind wir
ein Erstligist

Der zweite Sieg,
und in der Ferne,
so was hab ich
wirklich gerne

Der erste Heimsieg -
gegen Bayern?
Das wär wieder
ein Grund zum Feiern

10. Spieltag
St. Pauli : Bayern (0:1)
Oder: Teilweise auf Augenhöhe...

Ein Sonntagsschuss
rettet die Bayern
St. Pauli konnte
trotzdem feiern

Und was ich
voller Stolz auch sehe
ist: Teilweise
Augenhöhe

Und wunderschön
war die Collage,
mit Bayerns Angst
vor der Blamage

Der Mann mit
Eiswasser im Blut,
Vasilj spielt
unfassbar gut

Und Pauli hat
alles gegeben,
mit dem Ergebnis
können wir leben!

Fanfreundschaft

Es war schön, gestern ein Freundschaftsspiel zu erleben. Ohne *Scheiß-St.-Pauli-Gesänge* von den gegnerischen Fans.
Und ich gebe zu, dass ich die Bayern mag, seit damals, als der FC St. Pauli kurz vor der Pleite stand, und es am Millerntor das *Retterspiel* gegen den FC Bayern München gab, das mithalf, die Existenz des FC St. Pauli zu retten.
Und ich werde mich immer mit einem Lächeln an Uli Hoeneß im braunen Retter-T-Shirt erinnern. Da kann ich einfach nichts dafür. Seit dem Jahr 2003 sind mir die Bayern und Uli Hoeneß sympathisch. Und das wurde auch gestern nicht weniger, sondern eher mehr, als der Bayern-Trainer Vincent Kompany nach dem Spiel sagte, seine Mannschaft hätte es mit einem sehr starken Gegner (also mit uns..) zu tun gehabt. - Das war vom Trainer des Tabellenführers und Rekordmeisters so etwas wie ein Ritterschlag für uns. Und ich war gestern unsagbar stolz auf meine St. Paulianer. Wenn wir weiter in jedem Spiel so viel Einsatz zeigen, wird der Klassenerhalt kein Problem mehr werden. Unsere Punkte müssen wir halt gegen andere Gegner als den FC Bayern München holen.

Und noch einmal: Ich mag die Bayern! Aber hätten wir gestern gewonnen, wäre vielleicht so ein Gedicht entstanden:

Die Bayern sagen:
Mia san mia,
doch wir sind besser,
als wie ihr! (-;

Und als ich dann den FC-Bayern-Song *Stern des Südens* über die Stadionlautsprecher hörte, kam mir die Idee für die FC St. Pauli-Version...

Man möge mir die Anleihen bei *Stern des Südens* bitte verzeihen.

Stern des Nordens

FC St. Pauli,
Stern des Nordens -
Egal, wie oft
wir untergehen

FC St. Pauli,
Stern des Nordens,
wir werden wieder
auferstehen

Vielleicht werden
wir nie Deutscher Meister,
aber das muss auch
gar nicht sein

FC St. Pauli,
Stern des Nordens -
Du bist und bleibst
ein Kultverein

Du bist und bleibst
in unseren Herzen,
und das wird
immer so sein!

15. Spieltag
Stuttgart : St. Pauli (0:1)
Bescherung...

Was für eine
Abwehrschlacht,
St. Pauli hat
das gut gemacht

Zeit für die
Torwart-Verehrung:
Heute war hier
schon Bescherung

Mit Vasilj,
dem Torwart-Gott,
sind Abstiegssorgen
ganz weit fott

16. Spieltag
St. Pauli : Eintracht Frankfurt (0:1)
Oder: Sorgenfrei

Nein, ich mach mir keine Sorgen,
nicht im Heute, nicht im Morgen
Auch in diesem neuen Jahr
spielt St. Pauli wunderbar

Ein Superspiel, fast grandios
(das Unentschieden fehlte bloß)
Jetzt 2 x auswärts, das macht Mut,
denn auswärts sind wir richtig gut

In Bochum und in Heidenheim,
hauen wir ganz viele Tore rein
Und, man hat es echt gemerkt:
St. Pauli hat sich noch verstärkt

Ne Niederlage ist zwar Mist,
doch jetzt sind wir ein Erstligist
Wenn wir vielleicht auch mal vergeigen,
ich glaube nicht, dass wir absteigen!!!

Und selbst, wenn draußen Winter ist,
ich bin nun mal ein Optimist...

17. Spieltag
Bochum : St. Pauli (1:0)

Abstiegskrampf

Für 1. Liga
war das Mist!
Und ich bin total
angepisst

Und wieder nicht
das Tor getroffen
(ich wäre jetzt
so gern besoffen...)

Das Fanleben,
heißt es wieder Leiden?
Die nächsten Spiele
werden's entscheiden

Ich freu mich schon
auf bessere Spiele,
und hoffe sehr, es
werden noch viele

Nur heute, da bin ich depressed,
und denke nur: *Bonjour Tristesse!*

Dichterischer Kommentar zur Hinrunde

Das war zwar
gestern nicht so toll.
Doch die Tabelle?
Wundervoll!

Für Hardcore-Fans
ein kleiner Teaser:
Andre Vereine
sind noch mieser

Und wirklich, meine Freunde,
glaubt et:
St. Pauli hat
sich gut behauptet!

Die erste Hälfte
der Saison
war teils ein
harter Marathon

Und in 4 Monaten (im Mai)
sind wir noch immer mit dabei

(Und ich würd sofort
unterschreiben
wenn wir auf
Platz 14 bleiben...)

Die Hinrunde, sie ist geschafft,
Und das kostete echt Kraft
Zum Beweis hier,
auf die Schnelle

Das ist die Hinrundentabelle:

Saison
2024–25 ▾

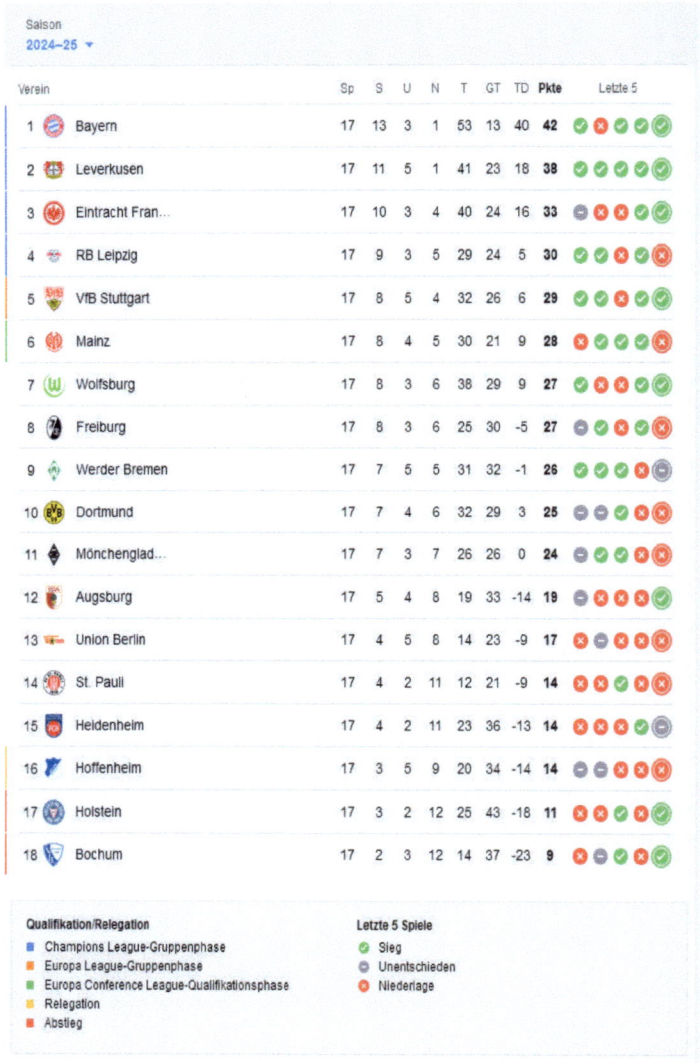

	Verein	Sp	S	U	N	T	GT	TD	Pkte	Letzte 5
1	Bayern	17	13	3	1	53	13	40	42	✓ ✗ ✓ ✓ ✓
2	Leverkusen	17	11	5	1	41	23	18	38	✓ ✓ ✓ ✓ ✓
3	Eintracht Fran...	17	10	3	4	40	24	16	33	⊖ ✗ ✗ ✗ ✓
4	RB Leipzig	17	9	3	5	29	24	5	30	✓ ✓ ✗ ✓ ✗
5	VfB Stuttgart	17	8	5	4	32	26	6	29	✓ ✓ ✗ ✓ ✓
6	Mainz	17	8	4	5	30	21	9	28	✗ ✓ ✓ ✓ ✗
7	Wolfsburg	17	8	3	6	38	29	9	27	✓ ✗ ✗ ✓ ✓
8	Freiburg	17	8	3	6	25	30	-5	27	⊖ ✓ ✓ ✗ ✗
9	Werder Bremen	17	7	5	5	31	32	-1	26	✓ ✓ ✓ ✗ ⊖
10	Dortmund	17	7	4	6	32	29	3	25	⊖ ⊖ ✓ ✗ ✗
11	Mönchenglad...	17	7	3	7	26	26	0	24	⊖ ✓ ✓ ✗ ✗
12	Augsburg	17	5	4	8	19	33	-14	19	⊖ ✗ ✗ ✗ ✓
13	Union Berlin	17	4	5	8	14	23	-9	17	✗ ⊖ ✗ ✗ ✗
14	St. Pauli	17	4	2	11	12	21	-9	14	✗ ✗ ✓ ✗ ✗
15	Heidenheim	17	4	2	11	23	36	-13	14	✗ ✗ ✗ ✓ ⊖
16	Hoffenheim	17	3	5	9	20	34	-14	14	⊖ ✗ ⊖ ✗ ✗
17	Holstein	17	3	2	12	25	43	-18	11	✗ ✗ ✓ ✗ ✓
18	Bochum	17	2	3	12	14	37	-23	9	✗ ⊖ ✓ ✗ ✓

Qualifikation/Relegation
- ■ Champions League-Gruppenphase
- ■ Europa League-Gruppenphase
- ■ Europa Conference League-Qualifikationsphase
- ■ Relegation
- ■ Abstieg

Letzte 5 Spiele
- ✓ Sieg
- ⊖ Unentschieden
- ✗ Niederlage

18. Spieltag
Heidenheim : St. Pauli (0:2)
Einfach schön...

Der FC St. Pauli – Einfach wunderbar:
- Die meisten gelaufenen Kilometer in der 1. Liga
- Die zweitbeste Abwehr (hinter den Bayern)
- Alle 4 Spiele in Baden Württemberg gewonnen
- 3 starke Neuverpflichtungen in der Winterpause geholt
- Und jetzt auf Platz 14!

Heut ist ein wunderschöner Tag,
und das war ein Befreiungsschlag
Zweitbeste Abwehr hinter Bayern,
heute werd ich einfach feiern

Das Spiel war schön, wie Poesie,
das ist unser St. Pauli!!!

19. Spieltag
St. Pauli : Union Berlin (3:0)
Legendär!

Die Saison wird
sehr gut enden
Unsere Kicker? -
schon Legenden

Abgerechnet wird zuletzt,
doch ich lege mich schon fest:
Wir werden oft genug noch Sieger,
und bleiben in der 1. Liga!!!

20. Spieltag
St. Pauli : Augsburg (1:1)
Niemand siegt am Millerntor (-;

Ich nehm das heute
mit Humor:
Niemand siegt
am Millerntor

Eigentlich waren
3 Punkte drin,
das Unentschieden
nehm ich hin

Nichts, was meine
Hoffnung dämpft:
St. Pauli hat
sich reingekämpft

Wir können fighten
wie die Tiger,
und wir spielen auch
wie 1. Liga

Und die Belohnung
(auf die Schnelle):
Zweiter der
Rückrundentabelle

GESAMT HEIM AUSWÄRTS FORM KREUZ JAHR

EWIGE HINRUNDE RÜCKRUNDE

PL.	MANNSCHAFT	SP.	S	U	V	TORE	DIFF.	PKT
1	Bayern	3	3	0	0	9:6	3	9
2	St. Pauli	3	2	1	0	6:1	5	7
3	Augsburg	3	2	1	0	5:2	3	7
4	M'gladbach	3	2	0	1	6:4	2	6
5	Hoffenheim	2	1	1	0	5:3	2	4
6	Leverkusen	2	1	1	0	5:3	2	4
7	Frankfurt	2	1	1	0	4:2	2	4
8	Dortmund	3	1	1	1	4:5	-1	4
9	Bremen	3	1	1	1	3:4	-1	4
10	Stuttgart	3	1	0	2	5:4	1	3
11	Mainz	3	1	0	2	3:3	0	3
12	Union Berlin	2	1	0	1	2:4	-2	3
13	Freiburg	3	1	0	2	2:6	-4	3
14	RB Leipzig	2	0	2	0	5:5	0	2
15	Wolfsburg	2	0	1	1	4:5	-1	1
16	Holstein Kiel	3	0	1	2	6:9	-3	1
17	VfL Bochum	3	0	1	2	3:7	-4	1
18	Heidenheim	3	0	0	3	2:6	-4	0

21. Spieltag
Leipzig : St. Pauli (2:0)
Mal verlierst du,
und mal gewinnen die anderen...

Auch wenn manche
gerne unkten:
Wir können halt
nicht immer punkten

Wir waren nicht schlecht,
es ging nicht „schief"
Wir waren halt nur
nicht effektiv

Ob Ende Mai
wohl diese Stadt
allein zwei
Erstligisten hat?

Gestern waren wir
am Vergeigen,
aber wir werden
nicht absteigen

Und du hast es
in deinem Gehör:
Ich sage *walla!*
(Ey, ich schwör!)

22. Spieltag
St. Pauli : Freiburg (0:1)
Schade!!!

Das Ergebnis,
nicht zum Lachen,
doch ich kann keinem
nen Vorwurf machen

1. Halbzeit
Augenhöhe
und Abwehrschlacht,
wie's ausgeht,
sehen wir dann später

Vasilj hat's wieder
stark gemacht,
und hielt ganz cool
einen Elfmeter

2. Halbzeit
St. Pauli macht
heut wirklich Lust,
mit starkem Freiburg
vor der Brust

Unsere Abwehr ist ne Mauer,
und wir spielen mit Pauli-Power

Die 1. Liga hat gemerkt:
St. Pauli hat sich gut verstärkt
Zweitbeste Abwehr dieser Liga,
und wir sind echt nicht immer Sieger

Kurz vor Schluss
dann der KO
(Ja, manchmal
ist das eben so...)

Für uns gab's heute
keinen Sieg,
und Freiburg ist
fast Champions League

Einen Punkt, den hätten
wir verdient,
weshalb heut Abend
Freiburg grient

Punkten, das hat
nicht geklappt,
doch ich sag, wir
steigen nicht ab

Wir kämpfen weiter,
von Spiel zu Spiel
Die Klasse halten,
ist das Ziel!

Das Herz von St. Pauli ist „weg"

Das Herz von St. Pauli singen,
ist nun nicht mehr so lustig
(Der Texter und die Nazizeit,
das Thema ist so frustig)

Ein sehr schönes Gefühl,
das da echt verliert,
während unser Hans Albers
im Grab herumrotiert

Eine neue Hymne?

St. Pauli, Hamburg,
das Millerntor,
wir brauchen ne Hymne
mit sehr viel Humor!

In der schönsten
Stadt der Welt
spielt Pauli
auf dem Fußballfeld

Wir Fans, wir sind
so gerne hier,
mit Antifaschismus,
und Astrabier

Ist diese Hymne schon gelungen?
Am besten, sie wird laut gesungen

Wir sind, wie wir sind,
keiner kriegt uns klein
Und wir wollen
gar nicht anders sein

In Hamburg sagt man:
Denn man tau!
Hier gibt es St. Pauli,
und auch den HSV

Fanherzen schlagen
in einer Stadt,
die zwei große
Vereine hat

Wir sind 1. Liga,
genauso wie Mainz
Und wir sind in Hamburg
die Nummer Eins!

HSVer begrüßen
wir gerne wieder,
nächste Saison
in der 1. Liga

Ich find den HSV
gar nicht mal so blöde,
und ohne unsere Derbys,
ist das doch echt öde...

Shit, das sollte doch
ne Hymne sein
für mein St. Pauli,
nur für einen Verein

Sorry, ihr andern,
ihr seid jetzt raus,
und gebt mir dafür
nicht die Faust

Denn das wäre
gar nicht fair
(Und sicher ist,
das ich mich wehr...)

Hells Bells-Glocken
immer wieder,
und Pauli ist
ein Überflieger

Und es hat sich
ganz viel verschoben,
die „anderen" sind unten,
und wir, wir sind oben

Selbst wenn sonst nichts
mehr übrig bliebe,
St. Pauli bleibt
die wahre Liebe!

Bis zum letzten
Atemzug,
und frage nicht
Ist das denn klug?

St. Pauli kann man
nur verehren,
und Liebe kann man
nicht erklären

St. Pauli ist
doch wahrer Kult
(und dafür gebt mir
gern die Schuld)

*Das Herz von St. Pauli, das ruft mich zurück,
denn dort an der Elbe, da wartet mein Glück...*

Sind manche Liedtexter
auch Vollidioten,
so ein geiler Text
gehört nicht verboten!

Meine Vereinshymne,
die könnt ihr vergessen,
mit dem *Herz von St. Pauli*
will ich mich nicht messen!!!

Vielleicht ist St. Pauli politisch korrekt,
doch mit einem Bann ist ein Kultsong verreckt!

23. Spieltag
Mainz : St. Pauli (2:0)
Oder auch: Viel zu harmlos...

Klassenerhalt wird
schwierig, ehrlich,
wir sind so
tor*un*gefährlich

Ein kleiner Joke. Pauli-Fan mit dicken Backen,
nach der Wurzelbehandlung beim Zahnarzt:

Wenn wir weiter
daf Tor nicht treffen,
können wir den
Klaffenerhalt vergeffen...

Will heut nicht mehr
an Pauli denken,
will meinen Kopf
im Bier versenken

Gebrochene Hoffnung -
nicht geschient,
für heute bin ich
echt bedient...

Tabelle ist
noch unser Freund,
gebt mir ein Bier
und einen Joint

Kein Abstiegsplatz
auf dem wir stehen,
doch so kann es
nicht weitergehen

Das Spielergebnis?
Eine Qual!
Und morgen geht es
dann zur Wahl

Und im Falle
dieses Falles,
ist der Fußball dann
einmal nicht alles

Doch der Humor
wird trotzdem siegen:
Noch sind wir
nicht abgestiegen

Ich könnte jetzt echt
nur noch schreien,
doch Pauli, das
ist mein Verein!!!

24. Spieltag
St. Pauli : Dortmund (0:2)
Der Status Quo (oder so...)

Was soll man
da nur machen?
Es hilft wohl
nur noch lachen!

Kein Tor, kein Tor,
kein Tor, kein Tor, kein Tor
St. Pauli, St. Pauli,
St. Pauli schießt kein Tor!

So harmlos,
auch am Millerntor
Und ich ertrag's
nur mit Humor

Gibt's drei Vereine,
die schlechter sind,
dann steigen wir
nicht ab, bestimmt!

Es ist sage und schreibe schon 4 Wochen her, dass ich hier etwas geschrieben habe. Und es gibt tatsächlich Parallelen zum heutigen Freundschaftsspiel bei den Bayern. Das Hinspiel war das letzte Spiel, das ich live am Millerntor erleben durfte. Die Köpfe der Spieler sahen für mich an dem Tag wie Pusteblumen aus und ich konnte von meinem Stehplatz aus nicht einmal Harry Kane erkennen. Im August 2021 ist meine Netzhaut gerissen. Und ohne eine OP wäre ich blind geworden. Schon damals sagte man mir, dass ich als Folgeerkrankung irgendwann Grauen Star bekommen würde. Die OP des Grauen Star war vor 2 Wochen, und der Heilungsverlauf ist leider nicht so gut. Seit der OP sehe ich noch schlechter als vorher, und meine Augenärztin sagt, ich muss viel Geduld haben...
An die neue Situation musste ich mich erst einmal gewöhnen, denn ich ging eigentlich davon aus, dass bald wieder alles gut sein würde mit den Augen. Ich hoffe, dass ich bald wieder normal sehen kann!

St. Pauli hat in der Zwischenzeit ordentlich gekämpft. Am 25. Spieltag holten wir ein Unentschieden in Wolfsburg. Und wir werden wohl wieder einen neuen Rekord einfahren als Torminimalisten der 1. Liga. Nach 26 Spielen haben wir erst 20 Tore erzielt, aber wir stehen immer noch auf dem 15. Platz, 5 Punkte vor Bochum, und 6 beziehungsweise 8 Punkte vor Heidenheim und Kiel, die heute auch beide spielen, es sieht also immer noch gut aus. Und wenn wir heute bei den Bayern gewinnen sollten, dann ist der Himmel die Grenze...

Ein kleines Gedicht kommt hier noch nachträglich zum 26. Spieltag:

26. Spieltag
St. Pauli : Hoffenheim (1:0)

Heute ist
ein schöner Tag,
und *das* war
ein Befreiungsschlag!

Und aus aktuellem Anlass:

Vor dem 27. Spieltag
(Bayern : St. Pauli)

Auch heute ist ein schöner Tag,
wo ich mich kein Stück beklag
In Bayern, und ein Freundschaftsspiel
(kein Konkurrent, wie Holstein Kiel)

Mit einem Auge kann ich's sehen,
ein Auswärtssieg, das wäre schön...

St. Pauli-Feeling

Die letzten Wochen
waren nicht hart,
ich lief herum
wie ein Pirat

Die Augenklappe
mit dabei,
ein Auge zu,
das andre frei

Dazu die dunkle
Sonnenbrille,
das Pauli-Feeling,
in aller Stille

Denn das Gefühl,
das kam auch so,
ganz in zivil,
ohne Trikot

27. Spieltag
Bayern : St. Pauli (3:2)
Oder: Kannste machen nix!

Gegen die Bayern
kann man vergeigen -
Ich glaube nicht,
dass wir absteigen

Und ich spüre
keinen Verdruss,
denn Abstiegskampf
geht bis zum Schluss

Ich war heut
unendlich stolz
auf die Jungs,
und klopf auf Holz

Das war echt kernig,
und auch gut,
macht für die
nächsten Spiele Mut

Den Klassenerhalt
werden wir erleben,
wenn wir weiter
alles geben!

28. Spieltag
Pauli : Gladbach (1:1)
Das war geil!

St. Pauli gegen
fast Champions League,
das fühlte sich an
wie ein Sieg

Meine Augen,
gingen noch nicht so
Also Fußball für die Ohren:
AFM-Radio

Das war ein
riesengroßer Schritt
Einen Punkt,
den nehmen wir mit

Den Ausgleich
kurz vor Schluss erzielt
Und Gladbach an
die Wand gespielt

Vier Punkte Vorsprung
sind jetzt viel,
der nächste Sieg,
der ist in Kiel (-;

29. Spieltag
Kiel : St. Pauli (1:2)
Das war es schon fast...

Zum ersten Mal
ein Spiel gedreht -
für die Saison
ein wenig spät (-;

Aber egal,
ein Derby mit klasse,
und für uns
stimmte die Kasse

Zum Schluss, da war
St. Pauli Sieger,
wir gehören in
die 1. Liga!

Unser Traum,
er geht nun weiter
Heut wieder mal
St. Pauli-Fighter

Den Sieg, den kann
ich noch nicht glauben,
doch er ist wirklich wahr
(Hurra!!!)

7 Punkte...
Oder: 5 Spiele noch

12. April,
ein schöner Tag -
Für Pauli der
Befreiungsschlag

Noch ist die Klasse
nicht gehalten,
5 Spiele sind es
noch, ey Alten

Aber es sieht
sehr gut aus,
das nächste Spiel,
das ist zu Haus

Der Deutsche Meister
am Millerntor,
ein Sieg kommt
unerreichbar vor

Aber das wär auch nicht so wichtig,
ich stell die Sache noch mal richtig:
7 Punkte Vorsprung sind ein Brett,
und sonntags punkten wär echt fett!

Lebensfreude

Kannst du auch
mal nix gut sehen,
das Leben ist
doch wunderschön

Mal steckst du
im Tabellenkeller
Mal sind alle
andern schneller

Im Leben geht
es auf und ab,
von der Wiege
bis zum Grab

Doch immer kämpfst
du dich zurück
Bist wie *Herr Rossi*
sucht das Glück

Und du spürst
in deinem Herzen
ganz viel Liebe
und auch mal Schmerzen

Doch das Leben, das ist toll,
man könnte sagen: wundervoll!

30. Spieltag
St. Pauli : Leverkusen (1:1)
Phänomenal gut!

1:1 gegen Leverkusen,
ist alles andere, als zu losen!

1 Punkt gegen
den Deutschen Meister,
ist nun mal gar nicht
Scheibenkleister

Und wieder mal
alles gegeben,
damit kann ich
sehr gut leben

Und wir, wir werden immer besser
Die 1. Liga? Piraten-Gewässer!

Platz 14 und
acht Punkte vorn,
darauf nehm ich
nen Doppelkorn

Und bald gibt es
Champagner, Sekt,
weil uns die
1. Liga schmeckt!

Tabelle

	Verein	Sp	S	U	N	T	GT	TD	Pkte	Letzte 5
1	Bayern	30	22	6	2	87	29	58	72	
2	Leverkusen	30	18	10	2	64	35	29	64	
3	Eintracht Fran…	30	15	7	8	58	42	16	52	
4	RB Leipzig	30	13	10	7	48	38	10	49	
5	Freiburg	30	14	6	10	43	47	-4	48	
6	Mainz	30	13	8	9	48	36	12	47	
7	Dortmund	30	13	6	11	57	47	10	45	
8	Werder Bremen	30	13	6	11	48	54	-6	45	
9	Mönchenglad…	30	13	5	12	48	46	2	44	
10	Augsburg	30	11	10	9	33	40	-7	43	
11	VfB Stuttgart	30	11	8	11	56	50	6	41	
12	Wolfsburg	30	10	9	11	53	47	6	39	
13	Union Berlin	30	9	8	13	30	44	-14	35	
14	St. Pauli	30	8	6	16	26	36	-10	30	
15	Hoffenheim	30	7	9	14	38	55	-17	30	
16	Heidenheim	30	6	4	20	32	60	-28	22	
17	Bochum	30	5	5	20	29	62	-33	20	
18	Holstein	30	4	7	19	41	71	-30	19	

31. Spieltag
Bremen : Pauli (0:0)
Pauli-Power

Wir waren heute
nicht zu zähmen
Ein 0:0
bei Werder Bremen

Ein Fight vom Anfang
bis zum Schluss -
Für Pauli-Fans
wahrer Genuss

Ich seh in Pauli
ganz viel Kraft,
wir haben es
schon fast geschafft

Relegation ist
uns schon siecher
(ein kleiner Scherz
und kicher kicher)

6 Punkte Vorsprung
sind zwar viel,
doch wir sehen weiter,
von Spiel zu Spiel

Fast schon ein Nachwort auf die Saison

Spiele im Stadion
konnt ich kaum sehn,
doch die Saison
war wunderschön

Das im TV zu sehen,war toll,
um nicht zu sagen: wundervoll

Und niemals hätte
ich gedacht,
dass der Blessin
das *so* gut macht

Diese Saison
war selten Mist
St. Pauli ist
ein Erstligist

Und es ist echt
kein Übertreiben:
Ich muss mir oft
die Augen reiben

Weil ich es oft
wirklich kaum fasse:
St. Pauli spielt
so richtig klasse!!!

32. Spieltag
St. Pauli : Stuttgart (0:1)
Ich bin stolz und liebe mein St. Pauli!!!!!!

Was für ein Spiel! Was für eine Dramatik! Ab der 57. Minute spielte Pauli in Unterzahl. Kämpfte aber gegen bärenstarke Stuttgarter weiter.

Aber wie heißt es von Thees Uhlmann so schön:

> *Tragik ist wie Liebe ohne Happy End*
> *Und eines ist wirklich sicher:*
> *Dass die Tragik St. Pauli kennt*

Vasilj war heute sensationell, einfach weltklasse! Und er hielt sogar einen Elfmeter und den Nachschuss. In der 88 Minute dann trafen die Stuttgarter tief in unser Herz und es stand 0:1. Dass dann der Schiedsrichter Vasilj in der Nachspielzeit in gefühlt 2 Sekunden erst Gelb und dann Gelbrot zeigte, fand ich wenig professionell und ohne jedes Fingerspitzengefühl.
Aber trotzdem: St. Pauli hat ein geiles Spiel abgeliefert und alles reingehauen, und keinem Spieler ist ein Vorwurf zu machen.
Dann wird die Klassenerhaltsfeier am Millerntor halt erst in 2 Wochen stattfinden...

Jetzt erst recht

St. Pauli ist kein bisschen schlecht,
und ich sage: Jetzt erst recht
Wir sind stark und ungebrochen,
und feiern dann halt in 2 Wochen...

Ich glaube, ich habe heute das beste Spiel der Saison gesehen.ein unfassbares Drama, dass für uns hoffentlich ohne üble Folgen bleiben wird. Nikolai Vasilj war für mich schon immer Kult, ein cooler Typ mit Eiswasser im Blut. Aber seit heute hat er für mich Heldenstatus erreicht! Mit dieser Torwartleistung war es so, als hätten wir einen Weltmeister zwischen den Pfosten stehen. (Sky gab ihm nicht eine 1 sondern eine 0,9) Und dass Vasilj dann ausgerastet ist, als der Schiri null Fingerspitzengefühl zeigte (Applaudieren für Spiel-verzögerung = Gelb, daraufhin Daumen hoch = Gelbrot), war absolut verständlich! Die Gelbrote Karte kann uns wenn es gegen Frankfurt schlecht läuft, schlimmstenfalls den Klassenerhalt kosten! Aber wie gesagt: Jetzt ist unser Weg ein Heldenepos geworden! Wir werden die Klasse halten, egal, was da auch kommen mag! Und ich weiß nicht, ob ich jemals ein so gutes und fesselndes Spiel gesehen habe wie das gegen Stuttgart!

We are a crowd -
and we are so proud
Ergeben werden wir uns nie!
Denn wir sind eben St. Pauli!!!

Ein kleines Intermezzo
2 Spieltage noch
Oder: Hamburg hat es in der eigenen Hand...

Noch ist hier ja alles offen,
doch Hamburger müssen nicht hoffen
Wer die Tabellen liest, hat schnell erkannt:
Sie haben's in der eigenen Hand

Der HSV muss einmal siegen,
dann kann er in die 1. Liga fliegen

Pauli musste gestern leiden,
aber das wird's nicht entscheiden
Weil wir weiter alles geben,
werden wir den Abstieg nicht erleben

Ein Sieg noch, dann
ist es geschafft:
Klassenerhalt
aus eigener Kraft

Selbst bei nur einem
Unentschieden,
wird der Abstieg
wohl vermieden

Mit Astra-Bier und Pauli-Power
bleiben wir Erstligist auf Dauer!!!

Was für ein Mega-Wochenende
(Fans falten dankbar ihre Hände (?))

Der HSV kann
heut aufsteigen,
er muss nur siegen,
darf nicht vergeigen

In UHD und live auf Sky
bin ich dann abends mit dabei

Der Kiez kann heute
auch erbeben,
wenn wir keinen
Heidenheimer Sieg erleben

Wird Hamburg heut
zur Party-Stadt,
die kein Bock
auf 2. Liga hat?

Hafengeburtstag, Partytime,
ja, das ist doch ein schöner Reim!
Der Tag wird vielleicht unvergesslich,
die Spannung, sie ist unermesslich

Heut also doppelt Daumendrücken -
und Richtung 1. Liga blicken...

Es bleibt immer noch spannend...

Der HSV, er macht die Welle -
Mein Glückwunsch hier, an dieser Stelle!
Er ist gestern aufgestiegen,
in die beste aller Ligen

Und Hamburg sagt:
Hey, das ist scheun,
wir können uns
auf Derbys freuen

Der etwas andere Verein
will weiter 1. Liga sein

Der Abstiegskampf
hat neu begonnen,
und wir sind ihm
noch nicht entronnen

Heidenheim konnte
gestern siegen
Bochum und Kiel
sind abgestiegen

Wir können dem
Abstiegskampf entrinnen,
wenn wir in Frankfurt
heut gewinnen

Doch zugegeben:
Das wird nicht leicht,
doch Pauli hat
schon viel erreicht

Hoffenheim
steckt auch mit drin,
muss gegen Bayern
noch gewinnen

Ein Punkt müsste
für Pauli reichen,
um das Saisonziel
zu erreichen

Denn wenn man
die Tabelle sieht,
sind's 13 Tore
Unterschied

Aber gewinnen
wär heut noch geiler
Für die Nerven
wär's ein Heiler

Um die Saison
gut abzuschließen,
hilft Pauli nur
das Tore-Schießen..

Schon auf der Zielgeraden
Oder: In eigener Sache

Ich schreibe nicht Geschichte,
ich schreibe nur Gedichte
Wobei ich niemals Zeit vergeude,
denn das zu tun, ist eine Freude

In guten und in harten Zeiten,
meinen FC mit zu begleiten
Und durch die 1. Liga gehen,
das war diesmal besonders schön

You'll never walk alone, so schön,
auch wenn wir manchmal untergehen,
wir stehen doch immer wieder auf,
und wir scheißen einfach drauf

Auch wenn wir nicht immer siegen,
wir lassen uns nicht unterkriegen!
Mein Verein, ja und auch ich,
fertig macht uns das Leben nicht!

Auch wenn wir mal nur Darkness sehen,
werden wir immer aufrecht gehen

Und gegen Frankfurt hilft Humor:
Ein Tor, ein Tor, ein Tor, ein Tor, ein Tor
St. Pauli, St. Pauli, St. Pauli schießt ein Tor
Und danach können wir feiern
(und Deutscher Meister sind die Bayern..)

33. Spieltag
Frankfurt : St. Pauli (2:2)
Die Erlösung!

Ich war heut echt
total nervös,
aber jetzt
bin ich erlöst

Und auch der zweite
Keeper Voll,
der spielte
einfach wundervoll

Ich will nicht
total übertreiben,
doch wie ich fühl?
Schwer zu beschreiben

Ich weiß noch nicht,
bin ich am Träumen?
Am Samstag ist
das Bier am Schäumen!

Nun ist es sicher,
wir haben's geschafft,
und das allein
aus eigener Kraft

Der Punkt, der machte uns zum Sieger,
und Hamburg rules the 1. Liga!!

34. Spieltag
Pauli : Bochum (0:2)
Nur 80 % Einsatz reichen nicht

Einerseits fand ich das schön
(ich konnte nur die Hälfte sehen)
Die Luft, sie ist nun einfach raus,
da werden nicht meine Haare kraus

Und nochmal alles reingehauen,
der Abstieg ist schwer zu verdauen
Die Bochumer waren richtig stark,
und Pauli spielte eher Quark

Heut haben wir nicht alles gegeben,
doch damit muss ein Fan wohl leben
Das letzte Heimspiel, eher peinlich,
aber seien wir mal nicht kleinlich (-;

(Wo nehm ich nur die Reime her?):
Unsre Saison war legendär!!!
Und noch mal klopfe ich auf Holz,
denn ich bin unsagbar stolz!!!

Klassenerhalt mit ohne Stress,
und Platz 14 steht nun fest
Und nun lehne ich mich zurück,
genieße still das Pauli-Glück!

Dichterisches Nachwort

Nun sittz ich hier am Sonntagmorgen,
ich mache mir ein wenig Sorgen
Das letzte Gedicht, und ganz zum Schluss?
Das macht mir doch etwas Verdruss!

So negativ soll es nicht enden,
so lasse ich es nicht bewenden!

Abschlussgedicht
(Vom Negativen zum Positiven)
(August 2024 bis Mai 2025)

Zehn Monate,
ein wilder Ritt -
Und ab und zu
nahm mich das mit

Obwohl ich lange Zeit
auch krank war,
bin ich dafür
ein wenig dankbar

HD-TV, so weit entfernt...
und sogar DAZN kennengelernt,
(April und Mai, das war so schön,
die Spiele *alle* anzusehen)

Und gegen manchen Wermutstropfen
half dann ein Getränk mit Hopfen..

10 Monate, die waren echt lang,
und vieles wäre mir entgangen,
wär ich im Stadion gewesen,
oder im Clubheim, und am Tresen

Ich sah es in HD und plastisch,
unsre Entwicklung ist fantastisch!
Auf einem Auge konnt ich's immer sehen:
St. Pauli kämpft und spielt so schön

Und wenn wir in die Zukunft sehen...
So kann es gerne weitergehen

Nicht jammern, sondern alles geben,
um 1. Liga zu überleben
Die Konkurrenz wurde geschockt,
denn jeder Spieler hat gerockt!

Denn gab es auch Verletzungsfälle,
ein Ersatz war gleich zur Stelle,
und hat dann alles reingehauen,
und man konnte ihm voll vertrauen

St. Pauli ist *Welcome to hell*,
aber auch professionell
So können wir durch die 1. Liga gehen
Und nun das Schlusswort:

WUNDERSCHÖN!

Angaben zum Autor

Stephan de Vogel, 58 Jahre alt. Ich lebe und arbeite in der schönsten Stadt der Welt und bin Fan des besten Fußballvereins dieses Planeten.

Seit den Achtzigern gehe ich zu den Spielen des FC St. Pauli. In den letzten Jahren eher weniger, aber meine Augenärztin meint, ab Juli könne ich wieder normal sehen. Das würde mir zeitlich sehr gut passen, denn im August beginnt die nächste Saison. Dann würde ich gerne wieder meinen Stehplatz in der Gegengerade einnehmen und von da aus etwas sehen können.

Seit den 80er-Jahren schreibe ich auch Fußball-Gedichte und Gedichte rund um den FC St. Pauli. Dies ist der 9. Gedichtband.

Fast 10 Jahre habe ich für die Marathonabteilung des FC St. Pauli und Freizeitteams im Tor gestanden. Und im Tor zu stehen, war eine der schönsten Erfahrungen meines Lebens. Und wer weiß? Vielleicht gibt es ja ein Comeback und ich kann ins Tor zurückkehren. Die Zukunft wird es zeigen...

Solange mir noch etwas Schräges oder Lustiges zum Thema Fußball und FC St. Pauli einfällt, werde ich wohl auch weiter meine Gedichte schreiben und veröffentlichen (-;

Inhaltsverzeichnis

Die Hinrunde

Noch Oktober 2024
Mal etwas ganz anderes (In der Türkei, nicht live dabei...)

Urlaubsgedichte

Und nun noch ein paar Trink-Gedichte...

Liebesgedichte und große Gefühle

Noch ein paar Gedichte mit schrägem Humor

November 2024

Noch ein Nachwort

Und jetzt, meine lieben Leser, möchte ich mich von euch verabschieden. Vor uns liegt eine lange Sommerpause. Es sind noch mehr als 2 Monate, bis es wieder losgeht.

Eben gerade lief die DFB-Pokalauslosung für die 1. Runde im Fernsehen. Und es freut mich besonders, dass der Gegner des FC St. Pauli in der 1. Runde Eintracht Norderstedt sein wird. Der Verein, von dem Elias Saad zum FC St. Pauli gekommen ist und eine traumhafte Fußballer-Karriere gestartet hat. - Dietmar Hamann, Sky-Experte und Ex-Bayernprofi sagte in einem Kommentar, dass Saad ein Vorbild für jeden Amateur-Kicker ist, weil sein Werdegang zeigt, dass es jeder schaffen kann, ganz nach oben zu kommen. (Eine kleine Notiz am Rande)

Liebe Leser, ich hoffe, ihr hattet ein wenig Spaß bei meinen Gedichten und konntet damit ein paar schöne Erinnerungen an die vergangene Saison wieder auffrischen.

Ich wünsche euch einen schönen Sommer!

In einem Gedicht hatte ich es geschrieben, und nun werde ich mich noch einmal wiederholen:

Und nun gibt es Champagner, Sekt,
weil 1. Liga so gut schmeckt...